BEI GRIN MACHT SICH IHR WISSEN BEZAHLT

WISSEN BEZAHLT

- Wir veröffentlichen Ihre Hausarbeit, Bachelor- und Masterarbeit

- Ihr eigenes eBook und Buch - weltweit in allen wichtigen Shops

- Verdienen Sie an jedem Verkauf

Jetzt bei www.GRIN.com hochladen und kostenlos publizieren

Daniela Kuck

Erziehung im Nationalsozialismus

GRIN Verlag

Bibliografische Information der Deutschen Nationalbibliothek:

Die Deutsche Bibliothek verzeichnet diese Publikation in der Deutschen National-
bibliografie; detaillierte bibliografische Daten sind im Internet über http://dnb.d-
nb.de/ abrufbar.

Impressum:

Copyright © 2011 GRIN Verlag GmbH
Druck und Bindung: Books on Demand GmbH, Norderstedt Germany
ISBN: 978-3-656-62156-0

Dieses Buch bei GRIN:

http://www.grin.com/de/e-book/270665/erziehung-im-nationalsozialismus

GRIN - Your knowledge has value

Der GRIN Verlag publiziert seit 1998 wissenschaftliche Arbeiten von Studenten, Hochschullehrern und anderen Akademikern als eBook und gedrucktes Buch. Die Verlagswebsite www.grin.com ist die ideale Plattform zur Veröffentlichung von Hausarbeiten, Abschlussarbeiten, wissenschaftlichen Aufsätzen, Dissertationen und Fachbüchern.

Besuchen Sie uns im Internet:

http://www.grin.com/

http://www.facebook.com/grincom

http://www.twitter.com/grin_com

UNIVERSITÄT AUGSBURG
PHILOSOPHISCH-SOZIALWISSENSCHAFTLICHE FAKULTÄT
Lehrstuhl für Pädagogik mit Schwerpunkt Erwachsenen- und Weiterbildung

Wintersemester 2010/2011

Seminar
Grundformen pädagogischen Handelns

Erziehung im Nationalsozialismus

Verfasser
Daniela Kuck

Abgabe
31.März 2011

Kuck, Daniela

B.A. Erziehungswissenschaft, 1. Semester

INHALTSVERZEICHNIS   **Seite**

1 Einleitung

Wir schreiben das Jahr 1933. Die nationalsozialistische Propaganda ist in vollem Gange und Rassenhass, Antisemitismus und Nationalismus stecken fest in den Köpfen der Menschen. Schließlich wird Hitler Reichskanzler und die NSDAP übernimmt die Macht im deutschen Reich. Keiner kann sich mehr dieser Bewegung entziehen und das Leben vieler Deutscher begann sich von Grund auf zu ändern. "Die Freiheitsräume der Menschen wurden eingeschränkt, demokratische Rechte beseitigt. Hitlerkult, Wehrhaftmachung und Rassenpolitik hielten innerhalb weniger Wochen Einzug in die Erziehung. Literatur, Musik, Kunst, Theater ,Presse und Film, ja auch die Wissenschaften wurden im Sinne der herrschenden Ideologie umgestaltet" (Höhn 2003, S. 40). Doch jedermann konnte darin etwas finden, womit er sich identifizieren konnte. Soziale Gerechtigkeit sollte endlich gewährleistet werden und ein geschichtlicher Neuanfang gewagt werden - mit Adolf Hitler als "Prophet".

2 Grundzüge des pädagogischen Handelns

Adolf Hitler verknüpfte die Erziehung eng mit der Politik und in seinem Buch "Mein Kampf" werden seine Grundsätze Schule, Bildung und Erziehung ausführlich dargelegt (vgl. Höhn 2003, S. 42).Unter Erziehung verstand er vor allem körperliche Züchtigung und Drill (vgl. Höhn 2003, S. 43). Diese sogenannte Leibeserziehung hatte absoluten Vorrang gegenüber der geistigen Bildung, denn ein starker Geist kann sich nur in einem gesunden Körper entwickeln.

Die Nationalsozialisten schafften es, vielen Menschen, die nach den Krisen der Weimarer Republik und dem verlorenen ersten Weltkrieg komplett die Hoffnung und Orientierung verloren hatten, ein neues Nationalbewusstsein zu suggerieren (vgl. Kinz 1990, S. 98). Durch die Gemeinschaft fanden sie neue Identitäts- und Orientierungspunkte (vgl. ebd.).

Das Rasse und Blut den Charakter und Wert eines Menschen festlegen, sollte schon der Jugend eingetrichtert werden. Sämtliche Bildungs- und Erziehungsarbeit lief darauf hinaus, das Rassegefühl zu vermitteln und nationalistische Menschen, ohne Individualität und Persönlichkeit zu formen (vgl. Höhn 2003, S. 44/45). In dieser Rasseideologie gilt der Deutsche als das Urvolk der nordischen Rasse und ist

3

prädestiniert über andere Rassen zu herrschen und ihnen ihre Macht aufzuzwingen (vgl. Kinz 1990, S: 91). "Allein der Arier war nach Hitlers Auffassung 'der Begründer höheren Menschentums', denn nur er, 'der Prometheus der Menschheit' besaß hohe kulturelle Leistungsfähigkeiten" (Kinz 1990, S. 91).

Treue, Opferwilligkeit und Verschwiegenheit sollten Ziele der Charaktererziehung sein, das pädagogische Handeln war darauf ausgelegt, diese zu verwirklichen (vgl. Höhn 2003, S. 44). Auch soll durch die faschistische Erziehung das neue Wertesystem eingeimpft werden. Die Existenz des Einzelnen hat keinen Wert, solange keine Einordnung in die Klassen- bzw. Rassengemeinschaft stattfindet (vgl. Ottensmeier 1991, S. 38). Somit wurde jeder zur grenzenlosen Dienst- und Opferbereitschaft, dem Kollektiv gegenüber, erzogen.

Oberstes Ziel war immer und überall die nationalsozialistische Weltanschauung zu verbreiten und in den Köpfen der Menschen zu verankern. Diese sogenannte Weltanschauung wurde von den Nationalsozialisten nur auf ihren praktisch-politischen Nutzeffekt hin konzipiert (vgl. Kinz 1990, S. 88). "Nicht ihre geistige Substanz, sondern ihre funktionale Wirksamkeit wurde bewertet. Diese wurde auf Massenwirksamkeit und Massenverführung hin angelegt" (Kinz 1990, S. 88). Die Menschen sollten das Leben nicht nur durch Erklären, sondern durch intuitives Erleben erfassen (vgl. Kinz 1990, S. 89).

Hitler wollte durch die Erziehung die Menschenmassen für seine Zwecke gewinnen, um mit deren Hilfe seine Machtposition zu festigen (vgl. ebd.). Erziehung wurde somit zur Aufgabe des Staates zum Wohle der Gemeinschaft (vgl. Kinz 1990, S. 103). Die auf Antisemitismus und Rassismus gegründete Pädagogik sollte der inneren und äußeren Machterweiterung dienen (vgl. ebd.). Der Erziehungsbegriff wurde gleichgesetzt mit heranzüchten, aufzwingen, stählen, einbrennen, bearbeiten, ausmerzen, auslesen und zweckentsprechend behandeln (vgl. Kinz 1990, S. 105). Das ganze Volk sollte zur Unmündigkeit erzogen werden (vgl. Kinz 1990, S. 116).

Wenn die Ansprüche der Lehrer, Eltern oder Schülern von denen der Partei abweichen, werden diese abgewiesen. Die Erziehung hat nur noch instrumentalen Charakter, ist also Mittel zum Zweck (vgl. Ottensmeier 1991, S. 32). Da der Zweck, nämlich nationalistische, neue Menschen zu formen, jedoch für die Nationalsozialisten so wichtig ist, messen sie der Erziehung dennoch eine enorme

Bedeutung zu. Das Denken der Menschen sollte revolutioniert werden und dieses "richtige" Denken sei die Voraussetzung für das "richtige" Handeln (vgl. Ottensmeier 1991, S. 34).

2.1 Familie

Die Familie wird als bisher wichtigste Erziehungsinstanz abgelöst von der Hitlerjugend, in der versucht wurde, vermeintliche Erziehungsfehler des Elternhauses im nationalsozialistischen Sinne zu korrigieren (vgl. Höhn 2003, S. 48). Deshalb wird versucht, durch Ganztagsschulen und -kindergärten, Pflichtjugendorganisationen u.a. den Kontakt zwischen Eltern und Kindern so gering, wie möglich zu halten.

Die Familie wird als Erziehungsinstanz von den Nationalsozialisten eher skeptisch bewertet, da die Familienmitglieder weitestgehend eigenständig denken und handeln und nicht der direkten Kontrolle der Partei unterstehen (vgl. Ottensmeier 1991, S. 42).

2.2 Schule

Der Schulunterricht zur Zeit Adolf Hitlers war geprägt von Rassismus und Militarismus. Die nationalsozialistische Weltanschauung bildete das Fundament des Unterrichts. Im Fach Biologie wurde Rassekunde eingeführt, welche auch für die Fächer Deutsch, Geschichte und Erdkunde vorgeschrieben war (vgl. Giesecke 1993, S. 129). Der Schulsport dagegen erfuhr eine Aufwertung, in dem die Turnstunden erhöht wurden und auch Boxen, Fußball und Geländesport wurden in die Leibesübungen aufgenommen (vgl. Giesecke 1993, S. 129). Die Schüler sollten im Sportunterricht abgehärtet und auf kämpferische Einsätze vorbereitet werden (vgl. Höhn 2003, S. 67). "Mut, Mannschaftsgeist und Disziplin, Überlegenheitsgefühl und Rassebewusstsein, diese und andere im Turnunterricht vermittelten Merkmale sollten in erster Linie die physische und psychische Kampfbereitschaft fördern" (vgl. Höhn 2003, S. 67).

Die Erziehung zur Wehrhaftigkeit war oberstes Ziel des Sportunterrichts und hatte auch radikalen Einfluss auf sämtliche andere Fächer. Im Musikunterricht wurden nur Helden-, Soldaten- und Marschlieder gesungen, im Physikunterricht wurde die Technik von Kriegsmaschinen und -geräten behandelt. Im Erdkundeunterricht wurden vor allem wehrgeographische Gesichtspunkte herausgestellt, im Chemieunterricht war das Kennenlernen von chemischen Kampfstoffen mit deren Eigenschaften und Herstellungsverfahren der Schwerpunkt (vgl. Höhn 2003, S. 68).

Im Kunst- und Werkunterricht legte man großen Wert auf Kampf- und Kriegssymbole und auch Wetterkunde und Flugwissenschaft waren Bestandteile des Lehrplans.

Der Geschichtsunterricht war Hauptträger der nationalsozialistischen Gesinnung. Sie lebte von Wehrgedanken und Heldentum (vgl. Höhn 2003, S. 68). Nationalbewusstsein und -stolz sollten im Geschichtsunterricht geweckt und gestärkt werden. Er wurde auf die deutsche Geschichte reduziert, an dessen Ende der Staat mit Adolf Hitler als Führer lag (vgl. Höhn 2003, S. 69). Andere Staaten fanden nur Erwähnung, wenn sie Einfluss auf die deutsche Geschichte hatten und auch sonst waren nur Ereignisse und Personen bedeutsam, die für die Entwicklung des Nationalsozialismus wichtig waren (vgl. Höhn 2003, S. 69). Durch die Betonung der neueren Geschichte wollten die Nationalsozialisten ihren Status stärken, die Gegenwart sollte zum Höhepunkt der historischen Entwicklung gemacht werden (vgl. ebd.). Diese neuere Geschichte bestand hauptsächlich aus nationalsozialistischer Heldenverehrung und Mythologie und der Geschichte der NSDAP (vgl. Höhn 2003, S. 69). Die Lehrer wurden angehalten, diesen Stoff mit entsprechender Begeisterung zu lehren. Sie hätten die Aufgabe nicht nur Wissen, sondern Erlebnisse zu vermitteln (vgl. Höhn 2003, S. 69). Der Geschichtsunterricht war somit nur Mittel zum Zweck, er sollte den Nationalstolz entflammen (vgl. Kinz 1990, S: 110).

Im Biologieunterricht sollte der Rassestolz und Rassesinn gepflegt und Verantwortungsgefühl gegenüber Rasse und Volk geweckt werden (vgl. Höhn 2003, S. 70). Die Schüler sollten das deutsche Rasseideal entwickeln. Der Schwerpunkt lag auf der Vererbungs- und Rassenlehre mit sozialdarwinistischem Einschlag (vgl. Höhn ebd.). "Themen wie Rassenhygiene, Vererbungslehre Rassenkunde, Familienkunde und Bevölkerungspolitik wurden obligatorisch angesehen" (Höhn 2003, S. 70).Der Biologieunterricht sollte zum völkischen Denken und Durchsetzen der Lebensgesetze erziehen (vgl. ebd.). Er sollte Grundlage für alle anderen Unterrichtsfächer sein. Familie- und Stammbücher wurden angelegt, Geburtenrückgänge bei Menschen mit wertvollem Erbgut wurden beklagt und Kosten für Erbkranke wurden aufgerechnet (vgl. Höhn 2003, S. 71). Die Schüler wurden angehalten, vor der Eheschließung Ahnenforschung zu betreiben und bei positivem Ergebnis eine möglichst große Kinderzahl anzustreben. (vgl. ebd.) Die Weitergabe kranken Erbguts soll dadurch verhindert werden.

Das Fach Deutsch wurde zum Mittelpunkt erklärt. Politische, historische und ideologische Themen wurden in Aufsätzen abgehandelt. In den Schulbüchereien fand man nur noch Werke von nationalsozialistischen Schriftstellern, die ausschließlich von Rasse, Volk und Heldentum handelten (vgl. ebd.). "Der Deutschunterricht sollte der politischen Durchsetzung und Behauptung der Nation dienen. Unter diesem Gesichtspunkt wurde das Schrifttum ausgewählt. Die klassische deutsche Dichtung, Werke von Goethe, Schiller, Lessing und Kleist gerieten immer stärker zugunsten der nationalsozialistischen Literatur in den Hintergrund" (Höhn 2003, S. 71). Sämtliche Themen spiegelten den Kult um den Führer und das nationalsozialistische Denken und Wollen wieder (vgl. ebd.). Ab 1937 wurde das Thema Krieg intensiv behandelt, was auf eine Militarisierung der Jugend durch NS-Propaganda zum Ziel hatte (vgl. ebd.). Auch die Reden des Führers und Auszüge aus Hitlers "Mein Kampf" wurden behandelt. Hierbei war die Gesinnung und Persönlichkeit des Lehrers von enormer Bedeutung. "An die Stelle der nur betrachtenden, kritisch-wissenschaftlichen, historischen und ästhetischen Einstellung trat die wertende, schaffensbereite und kämpferische Haltung, die zur Gefolgschaft willig, zur Führung fähig ins Leben gestaltend vordrang" (Höhn 2003, S. 72).

Die Schule gilt als ideologische Institution, als ein Werkzeug der Politik, in der der Erzieher zugleich Propagandist ist, dessen Ziel es sein soll, die Ideologie der Partei in den Köpfen der Kinder und auch der Eltern zu verankern (vgl. Ottensmeier 1991, S. 46/47). Jeder soll abweichende Positionen als falsch erkennen und Systemkritiker als Feinde ausmachen (vgl. Ottensmeier 1991, S. 47). "Entsprechend dem ALLPÄDAGOGISCHEN Prinzip wird der politische Führer den Lehrern häufig als besonders nachahmenswertes pädagogisches Vorbild empfohlen" (Ottensmeier 1991, S. 47). Die Schüler sollen gegen alles immun sein, was im Widerspruch zu den Auffassungen der Partei steht (vgl. obd.). Den Lehrern wird nahegelegt, sich an den Propagandareden von Hitler und Goebbels zu orientieren, d.h. sich auf wenig zu beschränken und dieses immer wieder zu wiederholen (vgl. ebd.). Werte wie Freiheit, Wahrheit, Frieden, Individualität, Humanität und Bildung waren in den Augen des Führers Irrtümer und verweichlichende Albernheiten (vgl. Höhn 2003, S. 59). Demokratie und Parlamentarismus wurden von ihm als dumm, feige und unfähig verspottet (vgl. ebd.). "Das Erscheinungsbild des nationalsozialistischen Menschen wird wie folgt beschrieben: nordrassisch, gesund und schön, mit gesundem Körper, reiner, starker Seele und klarem lebensmeisterndem Verstand, ein Mensch, der tatenfroh die ihm gestellte Lebensaufgabe im Rahmen der deutschen Volksgemeinschaft zu erfüllen sich bemüht" (Höhn 2003, S. 59). Werte wie Ehre, Deutsch, Boden und Rasse zu vermitteln, zählte zu den Hauptaufgaben der Schule (vgl. Höhn 2003, S. 60). Das pädagogische Handeln der Lehrer, wenn man es als solches bezeichnen kann, zielte darauf ab, die Schüler zur aufrechten Kameradschaftlichkeit, Charakterfestigkeit und einer tiefen vaterländischen Gesinnung zu erziehen (vgl. ebd.). Der Frontalunterricht galt als einer Diktatur angemessene Unterrichtsform (vgl. Höhn 2003, S. 72).

Sofern die Lehrer nicht Kommunisten oder Juden waren, wurden sie auch nicht durch linientreuere Kollegen ausgetauscht, sondern im nationalsozialistischen Sinne umerzogen (vgl. Höhn 2003, S. 73). Sie standen jedoch unter permanenter Kontrolle. Das den Lehrerberuf vor allem unverheiratete Frauen ergreifen sollte, zeigt deutlich Adolf Hitlers pädagogische Ignoranz und Verachtung für Schule und Lehrer (vgl. ebd.). "Um die Lehrer auf dem nationalsozialistischen Kurs zu halten, wurden sie systematisch eingeschüchtert und psychisch unter Druck gesetzt. Der Katalog der Maßnahmen reichte von Bespitzelungen, Überwachungen, Unterrichtskontrollen, Versetzungen, Reduzierung der Pension um die Hälfte bis hin zu Entlassungsandrohungen" (Höhn 2003, S. 73). Jeder Lehrer musste ständig mit Entlassung, Haft oder Berufsverbot rechnen und das schon bei der kleinsten Unachtsamkeit an politischen Bemerkungen (vgl. Höhn 2003, S. 76).Diese Angst prägte das pädagogische Handeln der Lehrer natürlich enorm. Sie handelten nicht mehr danach, was sie für pädagogisch richtig hielten, sondern danach, was der Führer für richtig hielt. Getrieben von Existenzangst, teilweise aber auch aus purer Begeisterung für den Nationalsozialismus, vergaßen sie, was sie einst in der Weimarer Republik gelernt hatten und wurden zum nationalsozialistischen Volkserzieher.

Auch die Trennung der Geschlechter war Basis des nationalsozialistischen Erziehungsgedanken. "Jungen sollten lernen, hart miteinander umzugehen und den Mädchen war das Ziel der dienstwilligen und opferbereiten Mutter vor Augen zu stellen. Die Berufstätigkeit sollte allein dem Mann überlassen werden" (Höhn 2003, S. 60). Die Mädchen bzw. Frauen sollten sich um Kinder, Haus und Familie kümmern, traditionell rollenkonform, häuslich, sparsam und liebevoll sein (vgl. Höhn 2003, S. 60). Auf Selbstverwirklichung und Selbstentfaltung sollten die Mädchen verzichten, sollten stattdessen Härte und Verschwiegenheit üben, keine Gleichberechtigung anstreben, Gefühle wie Trauer, Schmerz oder Furcht nicht aufkommen lassen und nur für Familie und Haushalt leben (vgl. Höhn 2003, S. 61). Der Stundenplan für die Mädchen war ausgerichtet auf Kindererziehung, Handarbeit, Heimgestaltung und Haushaltsführung. Auch die anderen Fächer wurden speziell den "Bedürfnissen" der Frauen angepasst.

Adolf Hitler selbst hatte eine große Abneigung gegen die Schule an sich. Das drückte er darin aus, indem er forderte den Unterrichtsstoff zu reduzieren, den Anteil naturwissenschaftlicher Fächer abzubauen und die Unterrichtinhalte aus völkisch-nationaler Sicht zu interpretieren (vgl. Höhn 2003, 57). Die gewonnene Zeit, die aus der Kürzung des Lehrplans hervorgeht, sollte der körperlichen Erziehung innerhalb der Schule zugutekommen.

Auch die Ausbildung der Lehrer war militärisch ausgerichtet, beruhte auf geringem geistigen Niveau und die Pädagogik spielte nur eine geringe Rolle (vgl. Höhn 2003, S. 57/58). Von den Lehrern wurde verlangt, Verhaltensweisen, die Soldaten von gefordert werden, auf das Schulleben zu übertragen (vgl. Höhn 2003, S. 58). Gewöhnung, Gehorsam, Zwang und Ordnung schrieb das Regime als Zuchtformen vor (vgl. ebd.). Die Ausbildung der intellektuellen Fähigkeiten wurde gegenüber der körperlichen Erziehung und der Bildung des nationalsozialistische Charakters zurückgestellt. Die Durchsetzung und Vermittlung der nationalsozialistischen Weltanschauung war oberstes Ziel der Schule (vgl. ebd.). Es gab keinerlei Möglichkeit zur Persönlichkeitsentfaltung. Dafür sollten auch die Lehrer sorgen. Die Schüler sollten zum Instrument des Staates werden (vgl. Höhn 2003, S. 59). Der Hitlergruß wurde eingeführt.

2.3 Hitlerjugend

Der Jugend wurde im dritten Reich eine besondere Bedeutung zugewiesen, da man sie als formbare Zukunft des Landes sah und sie der Herrschaftserhaltung diente. Auch deshalb stand die Jugend unter der vollständigen Kontrolle Adolf Hitlers, der sie als "seine Jugend" bezeichnete (vgl. Höhn 2003, S. 48). "Die Hitler-Jugend wurde als selbstständige Erziehungsmacht etabliert und nahm unter den Erziehungs-mächten eine führende Stellung ein" (Höhn 2003, S. 48). Es handelte sich um einen Zwangsverband, der die Integration in die nationalsozialistische Gesellschaft gewährleisten sollte. "Die Ideale der Hitler-Jugend waren Gefolgschaftstreue,

Durchhaltevermögen, Kompromisslosigkeit, Kämpfertum, Tapferkeit, Opfermut, Verantwortungsbewusstsein und stetige Einsatzbereitschaft" (Höhn 2003, S. 49). Weder inhaltliche Auseinandersetzungen, noch eigene Meinungsbildung wurde geduldet (vgl. Höhn 2003, S.49). Es gab keine Rechte, nur Pflichten. Schule und Elternhaus sollten an erzieherischer Bedeutung verlieren und hatten sich demzufolge der Hitler-Jugend unterzuordnen (vgl. ebd.).

In der Hitler-Jugend sollte vor allem der Soldatennachwuchs ausgebildet werden, weshalb die Jugendlichen immer mehr in den Kriegsdienst mit einbezogen und auf den Kriegsalltag vorbereitet wurden (vgl. Höhn 2003, S. 50). Die Körperertüchtigung mit Übungen und Wettkämpfen hatten das Ziel, die Jugendlichen auf die Ernstsituation des Krieges vorzubereiten (vgl. Höhn 2003, S. 51). Auch deshalb wurde die Hitler-Jugend als Kampforganisation bezeichnet. "Den Jugendlichen wurde ihre Jugend gestohlen. Statt sinnvoller Freizeitbeschäftigungen gab es Drill, Disziplin, Befehl- und Gehorsamszwang, statt Verständigung mit anderen Gleichaltrigen herrschten Rassenhass und Fremdenfeindlichkeit" (Höhn 2003, S. 50). Aufmärsche und Fahnenappelle mit Uniformzwang waren an der Tagesordnung. Propagandafilme wurden regelmäßig gezeigt und auch die Reden des Führers wurden übertragen (vgl. ebd.). Den Jugendlichen sollte ein positives und möglichst günstiges Bild vom Nationalsozialismus vermittelt werden.

Der Aufbau der Hitler-Jugend war militärisch gegliedert, unbeweglich und starr (vgl. Höhn 2003, S. 51). Dieser starre Aufbau ermöglichte es, die gesamte Schulung der Jugendlichen einheitlich zu lenken und überwachen (vgl. Oelschläger 1962/63, S. 24). Nach Adolf Hitlers Grundsatz sollte die Jugend von Jugend geführt werden, was auch Einfluss auf den organisatorischen Aufbau hatte.

Die Hitler-Jugend strahlte eine enorme Attraktivität aus. Sie bot Sporteinrichtungen, Zeltlager, Ausfahrten, Ferienreisen, Leistungswettbewerbe, Heimabende, Kameradschaft und Gemeinschaftsleben (vgl. Höhn 2003, S. 53). "Sie appellierte an den Idealismus, die Romantik, die Abenteuerlust und den Geltungs- und Bewegungsdrang der jungen Menschen" (Höhn 2003, S. 53). Die Mitglieder der Hitler-Jugend trugen Uniform, um die Zugehörigkeit zur Organisation sichtbar zu machen. "Sie marschierten auf Parteitagen, vom Jubel der SS-Massen empfangen, vom Führer begrüßt, wurden ins Ausland geschickt, um Propaganda zu machen durch ihr bloßes Erscheinen" (Höhn 2003, S. 53/54). Die Feiern, Fanfaren, Trommeln,

Lieder und Märsche ersetzten das Denken Es gab nur noch das "wir". Doch in der Hitler-Jugend wurden denjenigen Karrierechancen geboten, die vorher keine hatten, auch das machte den Reiz aus.

2.4 BDM

Im BDM, Bund deutscher Mädel, sollen Trägerinnen nationalsozialistischer Weltanschauung geformt werden, die ebendiese Weltanschauung an Kinder und Enkelkinder weitergeben (vgl. Klaus 1998, S. 44/45). Erziehung sollte dabei durch Vorbilder und Reifungsprozesse und nicht durch Gewalt und Kommandos erfolgen (vgl. ebd.). Das Mutterideal war in den Anfangsjahren ausschließliches Leitbild (vgl. Klaus 1998, S. 46). Als Kern der Erziehung galten die vier K's: Kinder, Kirche, Küche, Kleider (vgl. ebd.). Die Mädchen mussten sich in die Gemeinschaft einfügen und ihre Individualität vollkommen auflösen (vgl. Klaus 1998, S. 47). Die Mädchen sollten zu "ganzen Menschen" herangezogen werden, was die sportliche Ertüchtigung, die weltanschauliche Schulung und die Weckung der sozialen Einsatzbereitschaft beinhaltete (vgl. ebd.).

Charakter, Geist und Körper sollten in eine harmonische Beziehung gesetzt werden, damit das Fundament für eine richtige mädchengemäße Haltung geschaffen werden kann (vgl. ebd.). Wichtigster Bestandteil dabei war die kulturelle Haltung der Frauen. Obwohl jedoch Mutterschaft und Hausfrauentätigkeit Hauptziele der weiblichen NS-Erziehung waren, kam es im Hinblick auf den Krieg aus ökonomischen Gründen zur Ausweitung des Arbeitsgebietes der Frau, was jedoch im Widerspruch mit dem ideologischem Anspruch stand (vgl. Kinz 1990, S. 113).

Die Frau lebt als Objekt in einer vom Mann bestimmten Welt (vgl. ebd.). "Hitlers Erziehungsvorstellung war die Theorie radikaler Unterordnung der Frauen unter die Bedürfnisse der Männlichkeit, auf diese Weise wurde die Frau zum Materialobjekt einer Welt des Handelns von Männern" (Kinz 1990, S. 114). Dies fand bei den Männern großen Anklang, da sie besonders angesichts der hohen Arbeitslosenzahlen in der Frau eine unerwünschte Konkurrentin auf dem Arbeitsmarkt sahen (vgl. Kinz 1990, S. 116). Doch auch viele Frauen, vor allem diejenigen mit minderqualifizierten Tätigkeiten, sahen in der Familie eine Alternative zum Berufsleben (vgl. ebd.). "So sollte die Berufstätigkeit für Frauen, wenn überhaupt, auf 'wesensgemäße' Berufe beschränkt werden. Darunter verstanden die Nationalsozialisten im Hinblick auf die spätere Funktion der Frau vorrangig Tätigkeiten (Berufe) auf sozialem, pflegerischem und erzieherischem Gebiet" (Kinz 1990, S. 117).

3 Vergleich von Erziehung heute mit der NS-Erziehung

Der nationalsozialistische Erziehungsgedanke ist in der heutigen Zeit nicht mehr aktuell, ja sogar verpönt. Heute sind wir der Ansicht, dass jeder Mensch ein Recht auf Leben hat, egal ob jüdisch oder muslimisch, egal ob behindert oder nicht-behindert, egal ob hell- oder dunkelhäutig. Auch von Erziehung haben wir heute eine andere Auffassung. Kinder sollen weitestgehend selbstständig entscheiden und handeln dürfen. Freizeitaktivitäten und Freunde dürfen frei ausgewählt werden. Es gibt keine Pflicht-Organisation, wie damals der BDM oder die Hitler-Jugend. Es ist allein den Kindern überlassen, welchen Verein sie besuchen und welche Inhalte dieser hat.

Auch die Rolle der Frauen und Mädchen hat sich enorm verändert. Sie werden heute nicht mehr auf die Mutterrolle und Haushaltstätigkeiten reduziert. Sie gehen arbeiten und sind vollwertige Mitglieder der Gesellschaft und stehen den Männern in nichts nach. Das wird auch schon den Mädchen von klein auf deutlich gemacht.

Weiterhin hat die Erziehung zur heutigen Zeit nur wenig mit der Politik zu tun. Die Erziehungsgrundsätze und auch das pädagogische Handeln werden daraufhin abgeleuchtet, inwiefern sie dem Kind von Nutzen sind und nicht etwa der Politik.

4 Schlusswort

Adolf Hitler, der sich als der Prophet der Nation ausgab, nutzte die Hoffnungen, Wünsche, Interessen, Sehnsüchte und Nöte der Menschen für seine Zwecke gnadenlos aus und gaukelte den Massen Geborgenheit und Gemeinschaft vor. Die Erziehung bestand ausschließlich aus Propaganda und war nur Mittel zum Zweck. Den Jugendlichen wurde ihre Jugend und den Frauen ihre Individualität und Eigenständigkeit.

Alles in allem kann man sagen, dass es trotz des Unverständnisses für die Erziehungsziele der Nationalsozialisten nachvollziehbar ist, wieso die Menschen und vor allem die Jugendlichen sich darauf eingelassen haben. Die Hitler-Jugend zum Beispiel war mit ihren Freizeitangeboten, Uniformen, Liedern, Märschen und Parolen etwas faszinierendes für die Jugendlichen, sodass sie sich dem überhaupt nicht entziehen konnten. Natürlich ist die Erziehung zur Zeit Adolf Hitlers äußerst fragwürdig und nicht akzeptabel, aber er wusste es, die Menschen zu begeistern und in seinen Bann zu ziehen.

5 Literaturverzeichnis

Giesecke, Hermann (1993): Hitlers Pädagogen, Weinheim und München: Juventa Verlag.

Höhn, Elisabeth (2003): Wandel der Werte und Erziehungsziele in Deutschland, Frankfurt a.M.: Verlag der deutschen Hochschulschriften.

Kinz, Gabriele (1990): Der Bund Deutscher Mädel, Frankfurt a.M.: Verlag Peter Lang

Klaus, Martin (1998): Der Bund Deutscher Mädel, Köln: PapyRossa Verlag.

Oelschläger, Günther (1962/63): Weltanschauliche Schulung in der Hitler-Jugend, Oldenburg: Selbstverlag G. Oelschläger.

Ottensmeier, Hermann (1991): Faschistisches Bildungssystem in Deutschland zwischen 1933 und 1989, Hamburg: Verlag Dr. Kovač.

Platner, Geert; Schüler der Gerhart-Hauptmann-Schule in Kassel (Hrsg.) (2005): Schule im 3. Reich - Erziehung zum Tod; Bonn: Pahl-Rugenstein Verlag.